Deutsche Erstausgabe
Lizenzausgabe des Verlags an der ESTE, Buxtehude
Die Originalausgabe erschien 1993 unter dem Titel „Dr Xargle's Book of Earth Relations"
bei Andersen Press Ltd., 20 Vauxhall Bridge Road, London SW 1V 2SA
Text © 1993 by Jeanne Willis – Illustration © 1993 by Tony Ross
© der deutschsprachigen Ausgabe: Verlag an der ESTE, Buxtehude 1993
Aus dem Englischen von G. G. Wienert
Alle Rechte dieser Ausgabe vorbehalten durch Verlag an der ESTE
Schrift: Century Expanded
Lithos: Photolitho AG Offsetreproduktionen, Gossau, Zürich
Gesamtherstellung: Grafiche AZ, Verona – Printed in Italy
ISBN 3-926616-82-2

DR.XARGELS BUCH ÜBER DIE FAMILIEN-BANDE

In die Sprache der Erdlinge übersetzt
von Jeanne Willis
Bilder von Tony Ross

Verlag an der
ESTE

Guten Morgen, Kinder!
Heute lernen wir etwas über Erd-Familien.

Eine Erd-Familie ist eine Ansammlung von Erdlingen,
die zusammengehören, ob sie das mögen oder nicht.

Sie sind verschieden alt, von brandneu bis antik.

Ihre Ohrwascheln gleichen sich, ebenso ihre Schnauber.

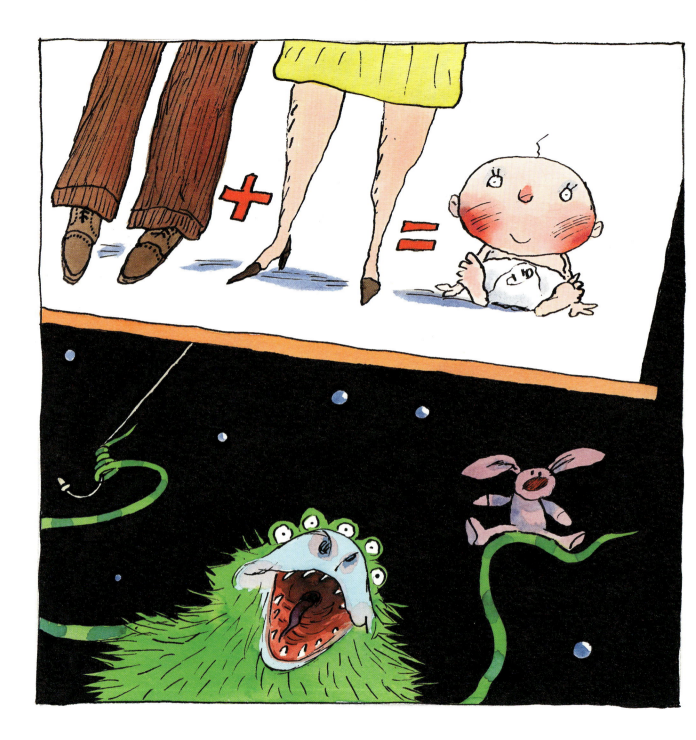

Eine Familie beginnt mit einem Mama-Erdling,
einem Papa-Erdling und einem Baby-Erdling.

Zu Weihnachten ist die Zahl der Verwandten in einer Erd-Familie jedesmal wieder größer als die Zahl der vorhandenen Stühle.

Ein Familienkrach beginnt mit zwei jungen Erdlingen,
die Plager und Einschnapper heißen.

Plager-Erdlinge riechen streng, sind klebrig und gefährlich.
Untersuche niemals ihre Hosentaschen!

Zum Abendbrot essen sie gelockte Würmer.

Einschnapper-Erdlinge sind hinterhältig und petzig.
Man erkennt sie an ihrem durchdringenden Geschrei.

Um sie dazu zu bringen, laß einen achtbeinigen Webling
in ihren Schlüpfer fallen.

Dann spritzen sie eimerweise Wasser aus ihren zwei Augen.

Dies sind Tante und Onkel Erdling.
Wenn sie zu Besuch kommen, müssen sie von den jungen Erdlingen
gleich an der Haustür nach teuren Geschenken durchsucht werden.

Onkel Erdling wird dazu verdonnert,
auf allen Vieren herumzuhopsen wie ein Esel.

Alle spielen ein Spiel, das heißt: „Halt den Mund! Wir sprechen gerade."
Wer zuletzt einschläft, hat gewonnen.

Hier sind einige Redewendungen, die Ihr bitte auswendig lernt:
„Mein Gott, ist es schon so spät?"
„Jetzt müssen wir aber wirklich gehen."

Dies sind Großvater und Großmutter Erdling. Sie wurden zur gleichen Zeit wie der Tyrannosaurus Rex auf dem Planeten Erde geboren.

Sie werden aus weichem Schrumpelzeug gemacht.

Großmutter Erdling züchtet Früchte und Blumen auf ihrem Kopf.

In der Nacht rollt sie rosa Igel in ihr Fell.
Großvater legt seine Beißer in ein Glas.

Junge und antike Erdlinge machen oft das gleiche.
Hier veranstalten sie einen Brotwurf-Wettbewerb.
Gewinner ist, wer die meisten Enten trifft, ohne ins Wasser zu fallen.

Das allerbeliebteste Spiel ist: „Wo habe ich nur meine Brille hingelegt?"
An diesem Spiel hat die ganze Familie ihre Freude.

Damit ist die heutige Stunde zu Ende. Zieht schnell
Eure Verkleidungen an. Die Heimleiterin war so freundlich,
uns den Besuch einer richtigen Erd-Familie zu ermöglichen.

Habt Ihr auch alle Eure Einladungen zur Hochzeit?

Wir landen in fünf Sekunden neben dem Buckingham-Palast.